Fernando Baracaldo Alba

El destierro de las sombras

AF168199

Fernando Baracaldo Alba

El destierro de las sombras

La luz que nos quema

JustFiction Edition

Publisher:
JustFiction! Edition
is a trademark of
Dodo Books Indian Ocean Ltd. and OmniScriptum S.R.L publishing group

120 High Road, East Finchley, London, N2 9ED, United Kingdom
Str. Armeneasca 28/1, office 1, Chisinau MD-2012, Republic of Moldova, Europe
Printed at: see last page
ISBN: 978-620-0-10392-5

Fernando Baracaldo Alba

EL

DESTIERRO DE LAS SOMBRAS

Poesía

LA LUZ QUE NOS QUEMA

¡Que la muerte se parezca

a esta muerte caliente de tus besos!

Dulce María Loynaz

CONVERSIÓN

Más allá de tus ojos ardían los crepúsculos.

Hojas secas de otoño giraban en tu alma.

Pablo Neruda

Esperadme,

Justo

en el lugar donde nos conocimos.

Ignoremos las hojas caídas,

convertiremos el otoño

en un mar de primavera.

He despertado

con enormes deseos de escribir un poema.

Me detengo frente a la hoja en blanco,

miro a través de la ventana:

hojas que caen,

una mariposa,

pájaros que trinan inquietos.

Indeciso aún me deleito en un sorbo de café.

Cierro los ojos y veo un tren,

en una de las ventanillas

tu rostro desafía al viento,

los cabellos como bandera,

y tus manos,

tus delicadas manos,

diciéndome adiós.

NATURALEZA

Solo al mar he dedicado versos.

Esta vez su otra cara me seduce:

las palmas, la transparencia del arroyo,

el trinar de pájaros y de la hierba su verdor.

Tomo lápiz, papel y comienzo a escribir.

Alguien se acerca por la espalda,

cubre mis ojos con sus finas manos,

su perfume la delata.

Me volteo y aprieto sus labios con los míos.

¡Tan fuerte! Que despierto.

VERSOS ASOMBROSOS

Del trabajo a la casa

viajo en ómnibus,

con la cabeza adosada al cristal.

Vienen a la memoria

versos asombrosos,

llenos de lirismo y metáforas,

suficientes para escribir un gran poema.

 Voy a la cama,

mañana estaré libre, repleto de minutos,

solo que aquellas palabras

escaparon de mi mente.

TODO EL AMOR EN UN POEMA

De improvisto, un gran amor,

tan inmenso,

que me incita a escribir versos

capaces de estremecer.

Quizás broten,

cuando renuncien mis sentidos

a tamaña confusión.

VIRIL EMPEÑO

No deliro, mujer.

El inusual galope

de mi espíritu

me asusta y reconforta.

Tu plenitud reverdece

el viril empeño

de fraguar lo impredecible.

Tendido en la arena

contemplo:

el oleaje infinito

que juega con el viento,

el sol,

inmerso en el horizonte.

Y tú mujer,

que imanta tantas miradas

tendida en mi mente.

GENIAL INTENTO

Lo único sublime es el impudor.

Citado por W.B.Yeats

Maldigo

al pudor que irrumpió

cuando estuve, quizás, al borde de la conquista.

Ni lágrimas, ni suspiros atraerán

 aquellos mágicos instantes.

Ah, pero si el tiempo quebrara sus códigos

te buscaría,

al menos sería un genial intento.

RECUERDOS

Implorando deseos

nos sorprendió el alba.

Desde la arena

subíamos a las estrellas,

en cada goce de amor.

CONFESIONES DE UN MORIBUNDO

No interioricé

en la brevedad del tiempo.

Obvié agasajarte a plenitud,

más los equívocos

han de apagarse

cuando yo transite

por tu mente.

I

En una hoja caída

interiorizo la muerte.

II

La vida, en el retoño

cargado de promesas.

III

En el árbol viejo

la sabiduría de los dioses.

IV

La esperanza

en el vuelo de una paloma.

V

Y en ti, el paraíso

que ambos conocemos.

Mujer,

en tu boca descubro un jardín.

Y en tus ojos

relámpagos que acarician

y estremecen.

¡Oh!, que dichoso fuera yo,

si los tuviera.

Escribo poemas:

con el fin de alejarme

de tantas inmundicias.

Cuando los deseos de agasajarte

me sacuden.

Cuando las apetencias de besar

la infinitud de tu piel,

en desvelos se convierten.

Tú y yo

Tú

conviertes mi alma

en un manantial

de palidez.

Yo

viajo por tus venas

alimentando tu voz.

Tú y yo

entrelazados sin pudor.

En tu rostro

el sutil aliento

de fruta madura.

Aún no sé

si de pudor o esperanzas

temblabas.

Aferrados a los bordes:

tú, en un arranque de locura,

yo, en el ocaso.

No pensemos en los infortunios,

te ruego disimules,

que sonrías satisfecha.

¡Tal vez mañana!

DESDE SIEMPRE TE PRESENTÍ

Desde siempre vislumbré

tu real existencia.

husmeaba yo, con agudeza, en las multitudes.

En el andén estabas

absorta en la lectura,

protegida por ángeles invisibles

como siempre te presentí.

MIRADAS INTRUSAS

Tras burlar miradas intrusas

nos guarecimos

en el monte más cercano.

Río abajo golpeamos,

 repetidas veces,

el silencio de la noche.

MUERO

Murió mi eternidad y estoy velándola.

César Vallejo

Bajo el puñal

de la nostalgia

muero.

Ah!, si pudiera adentrarme

en tu mente,

transitar por los tiempos

que aun recuerdas

y regresar

frente a tu desnudez.

El banco del parque

ya no está.

A escondidas

coloqué una piedra.

He de evocar las tantas veces

que desde allí, subimos al cielo.

AÑORANZAS

Ah,

si regresaras,

tal y como te recuerdo,

enamorada,

quizás.

MEDITACIONES

...rumor de besos y batir de alas...

G.A. Bécquer

TANTO

No tan rápido tiempo,

no corras.

Tantas cosas por hacer,

tantas que se han ido.

Tanto merecemos,

creo yo.

De madrugada

voy a la cama,

agotado,

inconforme aún.

Luego de espantar

incoherencias

y palabras comunes,

de resembrar metáforas

en mi poesía.

¿Qué nos toca

en estos tiempos?

Sino sembrar amor

en nuestras entrañas,

aunque los demás

no lo perciban… y crean

estar en el olvido,

 o al menos

congelados en el espacio.

El odio nos mutila y ensombrece,

amar es nuestro destino.

SENTENCIA

Aunque

me desborde en sutilezas,

sin vicios,

ni excesos.

Aunque

el más reconfortante

de los abrazos

me brinde resguardo

he de morir.

La casa de la abuela

ya no es una fiesta.

Las paredes

no exhiben el cuadro

donde dos japonesas sonríen.

Abuela,

con la llave colgada al cuello,

tampoco está.

LA PALABRA

Auténtica la palabra

que brota inmaculada

de la garganta del hombre.

Cuidar de ella, enriquece el alma.

Luz,

cuando se empeña con transparencia.

Empañarla es sombra.

DIALÉCTICA

Ya no somos

los mismos de hace

unos instantes.

Sin darnos cuenta

seguimos venerando

 lo que conocimos una vez.

Suerte,

de extirpar suciedades

detectadas por el tiempo,

a veces en el borde del ocaso.

La dialéctica, nos salva,

cuando vemos con beneplácito

nuestra descendencia crecer.

MIS SUEÑOS

Mis sueños no vuelan

a París o Nueva York,

más lo esencial para ser feliz

lo tengo:

El sol, el aire que respiro,

amigos, una familia y un hogar;

el tiempo que nos toca,

la experiencia de reveces

volcadas en poemas.

En fin,

gracias a Dios.

MEDITACIÓN

¿Cuál será mi destino?

¿Acaso un mortal de la pandemia?

¿Un sobreviviente de este silencioso

Tsunami?

Del ejército de amigos

se cuentan ya, notables bajas:

fallecidos, convalecientes, y para que negar;

los que desafían al monstruo,

minimizando el peligro, burlándose

de sus drásticas consecuencias.

Así somos, diferentes en formas,

y en el modo de pensar.

.

ELEGÍA A LA ABUELA MATILDE

Descubro con nitidez a la abuela:

octogenaria, cabellos nieves enroscados en su nuca.

Era yo un infante

cuando quebraron las esperanzas de inmortalizarla,

o lograr que su vida se apagara después de la mía.

Aquel niño no entendió

aquella exigua demarcación de luz que se agota.

Se extinguió la voz de abuela,

su delicadeza,

su forma de instruir y halagar.

Más su virtud es un árbol

que logró con esmero cuidar,

pero es tarde ya para renacerla

en un paraíso que nunca tuvo y mereció.

Mucha luz y bendiciones para tu alma

Abuela.

FISURAS

Como centella
abandono el puerto.

Me asustan
las imponentes olas.

Cuando el mar se aquieta, regreso,
para reparar fisuras, del castillo
que casi cae.

Alas

Dos aves disputan un pez,

una emprende vuelo

con su victoria en el pico.

Quizás

la presa,

en el límite

de su aliento

te revele

 la señal.

ELEGÍA AL AVE QUE NOMBRÉ

He observado de un pájaro sin vida

una pluma elevarse con el viento

y en lo alto renunciar al cruel tormento

de una muerte voraz y sin medida.

No pudo soportar gigante herida

el ave que volaba felizmente

un disparo mortal, como tridente,

su cuerpo recibió y cayó vencida.

¡Qué absurdo proceder! Pienso a veces,

en la bárbara traza que merece

renovar el patrón de algunos hombres.

Al final sepulté el grácil despojo

y quedó así, de luto, todo arrojo,

cuando escribí en la lápida su nombre.

SEGMENTO DE VIDA

Se nos ha regalado un segmento de vida,

efímero,

pero dotado de una inmensa energía,

suficiente para revertir

quimeras en realidades.

Sirvámonos con apego

de esta luz divina,

hasta que la muerte

nos siembre, incuestionablemente,

en el jardín de las sombras.

EL JARDÍN DE LAS SOMBRAS

Y esta es la promesa que él nos hizo, la vida eterna.

Juan 2:25

No quisiera yo, ser sembrado

en el jardín de las sombras,

quizás, deba aferrarme a las sagradas escrituras,

donde se desbordan promesas

de vida eterna.

¡Ay de mi fe!, escasa y titubeante.

¿Dónde encontrar suficiente fortaleza,

 para asirme al bastión

que me impida dudar?

AMIGOS

Tengo amigos

que van de prisa

hacia la muerte.

Sus codos marcan cotidianas huellas

en maltrechos bares.

Enorme es el pesar,

algunos han perdido

su propia identidad.

ÍNDICE

La luz que nos quema